CESAR RONEY GONÇALVES DE ANDRADE FILHO

HONORÁRIOS ADVOCATÍCIOS A LUZ DA JURISPRUDÊNCIA

O ônus atribuído às fazendas públicas nas perícias judiciais e a aplicação de honorários por equidade.

1° edição

2023

Dados Internacionais de Catalogação na Publicação (CIP)

Andrade Filho, Cesar Roney Gonçalves de.

A554   Honorários advocatícios a luz da jurisprudência : o ônus atribuído às fazendas públicas nas perícias judiciais e a aplicação de honorários por equidade / Cesar Roney Gonçalves de Andrade Filho. – Floriano, PI: [s.n.], 2023.

49 p. ; 21 cm.

ISBN 978-65-266-0578-3

1. Honorários advocatícios. 2. Direito processual cível. I. Título.

0823-09   CDD 341.46

**Ficha catalográfica elaborada por
Débora Soares Vicente de Santana – Bibliotecária CRB-9/1914**

Índice para catálogo sistemático:
1. Direito processual cível   341.46

Dedico este livro aos meus pais e irmãos que sempre
estão ao me lado.

Dedico ainda este livro à minha esposa, Sabrina, minha
eterna companheira.

APRESENTAÇÃO À 1º EDIÇÃO

O presente livro tem como finalidade singela de avaliar o atual entendimento das Cortes Superiores a respeito dos honorários advocatícios, bem como, mas não somente, sua imputação às Fazendas Públicas do ônus resultante das perícias requeridas pelo Ministério Público no âmbito das Ações Civis Públicas e a temática da fixação através da equidade.

O que se busca com este breve estudo é verificar se os fundamentos adotados pelo STF e STJ, se compatibilizam com a interpretação da Lei 7.347 de 1985 (Lei da Ação Civil Pública) frente ao Código de Processo Civil com sua redação dada pela Lei 13.105 de março de 2015 sempre balizada pelo texto constitucional.

O tema ora abordado neste artigo busca, dentre outros temas, analisar a correção ou não dos entendimentos firmados pelo STF e pelo STJ sobre a temática do ônus financeiro decorrentes das perícias requeridas pelo MP em Ações Civis Públicas.

A perspectiva do presente trabalho é analisar se os fundamentos usados na decisão que ora vige sobre tema encontra amparo constitucional e legal ou se o Judiciário agiu como verdadeiro legislador positivo ou mesmo em desacordo com o ordenamento pátrio.

Buscou-se, portanto, responder algumas perguntas, tais como a) a Fazenda Pública deve responder pelo ônus da perícia requerida pelo MP em ACP mesmo quando não for parte ou terceiro interessado? b) A aplicação do princípio da especialidade afastando a previsão expressa do CPC sobre o tema (art. 91, §1°) é válido? c) a autonomia financeira do Ministério Público prevista na CF/88 não deve ser observada? d) a aplicação por analogia da Súmula 232 do STJ não gera uma inconsistência com relação a sua própria redação, visto ser exigido que a Fazenda seja parte no processo?

Essas são algumas perguntas que serão tratadas neste artigo, usando como método de análise decisões judiciais sobre o tema e doutrinas.

Floriano-PI, gosto de 2023.

Cesar Roney Gonçalves de Andrade Filho

SOBRE O AUTOR

Cesar Roney Gonçalves de Andrade Filho

Possui graduação em Ciências Jurídicas pela Faculdade Estácio de Sá – 2010 - 2015;

Pós-graduado em DIREITO E PROCESSO DO TRABALHO E DIREITO PREVIDENCIÁRIO pela Faculdade Estácio de Sá – 2017 (379h).

Pós- graduando em DIREITO CONSTITUCIONAL de nível Lato Sensu, com carga horária de 360 horas pela Faculdade Focus, em parceria com CENES – Centro de Estudos de Especialização e Extensão, no ano letivo de 2023.

Pós- graduando em DIREITO TRIBUTÁRIO de nível Lato Sensu, com carga horária de 360 horas pela Faculdade Focus, em parceria com CENES – Centro de Estudos de Especialização e Extensão, no ano letivo de 2023.

Professor da Graduação em Direito diversas disciplinas jurídicas.

Advogado na área trabalhista (direito sindical), cível e processual civil.

SUMÁRIO

1 Honorários como direito do advogado e a Jurisprudência sobre sua fixação

Nos termos do que prevê o Estatuto da Advocacia e a Ordem dos advogados do Brasil em seu artigo 23, os honorários possuem natureza autônoma fato que gera algumas implicações práticas, tais como a possibilidade de execução individual da parte da decisão que o arbitra, a possibilidade de requerimento de precatório referente ao montante dos honorários, bem como a garantia de que que se trata de um verdadeiro direito alimentar do advogado.

> Art. 23. Os honorários incluídos na condenação, por arbitramento ou sucumbência, pertencem ao advogado, tendo este direito autônomo para executar a sentença nesta parte, podendo requerer que o precatório, quando necessário, seja expedido em seu favor.

O art. 85, § 2°, do CPC, o magistrado deve ao fixar os honorários observar alguns requisitos, a fim de fixar o percentual que irá varias entre o mínimo de 10% e o máximo de 20%[1].

---

[1] No âmbito da Justiça trabalhista o percentual de honorários varia no mínimo em 5% e no máximo em 15% conforme previsão do Art. 791-

> Art. 85. A sentença condenará o vencido a pagar honorários ao advogado do vencedor.
>
> § 2º Os honorários serão fixados entre o mínimo de dez e o máximo de vinte por cento sobre o valor da condenação, do proveito econômico obtido ou, não sendo possível mensurá-lo, sobre o valor atualizado da causa, atendidos:
>
> I - o grau de zelo do profissional;
>
> II - o lugar de prestação do serviço;
>
> III - a natureza e a importância da causa;
>
> IV - o trabalho realizado pelo advogado e o tempo exigido para o seu serviço.

Verifica-se, portanto, que o magistrado objetivamente analisará a atuação concreta do advogado e fixará o percentual compatível o qual terá como base de cálculo sucessivamente o valor da condenação, o proveito econômico ou, não sendo possível será usado o valor atualizado da causa.

Conseguinte a legislação ainda deixa claro que o direito subjetivo aos honorários é verificado ainda que o

---

A. "Ao advogado, ainda que atue em causa própria, serão devidos honorários de sucumbência, fixados entre o mínimo de 5% (cinco por cento) e o máximo de 15% (quinze por cento) sobre o valor que resultar da liquidação da sentença, do proveito econômico obtido ou, não sendo possível mensurá-lo, sobre o valor atualizado da causa".

advogado atue em causa própria, Art. 85, § 17, do CPC, "Os honorários serão devidos quando o advogado atuar em causa própria".

No âmbito da concessão dos honorários vige o princípio da causalidade, ou seja, aquele que deu causa a demanda, sendo sucumbente deverá pagar os honorários. Tal previsão encontra respaldo no artigo 85, § 10, do CPC, "Nos casos de perda do objeto, os honorários serão devidos por quem deu causa ao processo".

No julgamento Recurso Especial nº 1.682.215, cujo acórdão foi publicado em 8/4/2021, o STJ afirmou o entendimento de que a sucumbência tem a sua origem na causalidade e decidiu que a desistência da execução antes da citação do executado implica a extinção dos embargos por ele oferecidos, eximindo o autor do pagamento dos honorários sucumbenciais. Percebe-se, portanto, que a causalidade vem sendo apreciada diante de contornos subjetivos dos fatos no processo.

No sentido de apreciação do princípio da sucumbência e da causalidade Maicon Nathan Volpi assim destaca:

A 3ª Turma do STJ[2], por exemplo, já concluiu que "o princípio da causalidade não se contrapõe ao princípio da sucumbência. Antes, é este um dos elementos norteadores daquele, pois, de ordinário, o sucumbente é considerado responsável pela instauração do processo e, assim, condenado nas despesas processuais. O princípio da sucumbência, contudo, cede lugar quando, embora vencedora, a parte deu causa à instauração da lide". Observa-se aqui a adoção daquilo que denominamos de posição integracionista do princípio da causalidade ao próprio princípio da sucumbência.

Cabe destacar ainda a situação na qual o ocorre sucumbência recíproca no processo, ou seja, tanto o autor como o réu são ao mesmo tempo vencedor e vencido no processo. Nesse cenário, específico surgiram questionamentos quanto a forma de cálculo dos honorários, se deveriam ser efetuados sobre o valor da causa, ou se deveriam incidir sobre o efetivo proveito econômico obtido na causa.

Apreciando a situação exposta o STJ, através de sua 4° turma, entendeu, e não poderia ser diferente, que a

---

2 BRASIL. Superior Tribunal de Justiça. REsp n 303.597-SP, relatora ministra Nancy Andrighi, DJ de 26.06.2001. Fls. 153.

base de cálculo que deve ser usada será o grau de êxito de cada um dos advogados envolvidos, seguindo os parâmetros do § 2° do artigo 85 do CPC, já analisado acima.

> Verificada a existência de sucumbência recíproca, os honorários e ônus decorrentes devem ser distribuídos adequada e proporcionalmente, levando-se em consideração o grau de êxito de cada um dos envolvidos, bem como os parâmetros dispostos no art. 85, § 2°, do CPC/2015. STJ. 4ª Turma. EDcl no AgInt nos EDcl no AREsp 1.553.027-RJ, Rel. Min. Marco Buzzi, julgado em 03/05/2022 (Info 739).

Ainda sobre a análise da sucumbência recíproca e da fixação dos honorários advocatícios sucumbenciais um caso interessante de ser observado diz respeito existência de recursos apenas de uma das partes buscando a modificação da forma de cálculo dos honorários. No caso, havendo uma condenação de sucumbência recíproca usando como forma de quantificação do valor dos honorários o critério da equidade, previsto no art. 85, § 7° do CPC, caso apenas uma das partes recorra da decisão pleiteando a modificação da forma de cálculo, ou seja, retirando a equidade e utilizando a regra geral prevista no art. 85,§ 2º do CPC, nesse caso, sendo procedente o recurso, a modificação da forma de cálculo deverá incidir para ambas as partes do processo, visto que houve uma sucumbência recíproca, ou deve ser aplicado a o princípio da *reformatio in pejus* (proibição da reforma para pior)?

Bem, o STJ apreciando a questão entendeu por prestigiar o princípio da vedação à reforma recursal que piore a situação daquele que não recorreu.

> Os honorários fixados na sucumbência recíproca são independentes entre si, isto é, trata-se de obrigações de natureza cindível na qual o recurso de uma parte, ou de seu advogado, não pode prejudicar o recorrente, sob pena de se majorar indevidamente a verba honorária já fixada em favor do patrono da parte contrária, não recorrente, resultando em *reformatio in pejus*. STJ. 4ª Turma. AgInt no REsp 1.944.858-DF, Rel. Min. Luis Felipe Salomão, Rel. Acd. Min. Raul Araújo, julgado em 27/09/2022 (Info 751).

Cabe destacar aqui o comentando feito pelo professor Márcio André sobre a decisão proferida, ressaltando a independência e autonomia das honorários, já tratadas no início deste capítulo.

> Dessa forma, ao pleitear a alteração dos critérios de fixação dos honorários de

> sucumbência, o autora apelante não pode ter sua situação piorada, nem mesmo sob o fundamento de que se trata de matéria de ordem pública, que pode ser analisada de ofício pelo julgador. Assim, não tendo havido recurso da ré, somente a parte relativa aos honorários arbitrados em favor do patrono do recorrente (autor) podem ser modificados no caso de provimento do recurso, para beneficiar exclusivamente o recorrente e seu advogado. Isso porque, embora a sucumbência recíproca importe reciprocidade de condenação entre as partes, os honorários fixados em favor de cada patrono devem ser considerados de forma independente e autônoma.

Portanto, diante das considerações traçadas no presente capítulo verifica-se que os honorários advocatícios são autônomos constituindo um direito do advogado. O CPC prevê os limites percentuais de incidência dos honorários e também a base de cálculo a ser observada pelo juiz no momento de sua fixação não se descuidando das situações apreciadas pela jurisprudência quando ocorre sucumbência recíproca.

2 Fixação dos honorários por equidade entendimento do STJ (tema 1.076) e entendimento do STF (tema 1.255)

Como já tratado anteriormente, o CPC prevê em seu artigo 85, § 2° critérios para que seja quantificado o valor dos honorários advocatícios.

> Art. 85 (...) § 2° Os honorários serão fixados entre o mínimo de dez e o máximo de vinte por cento sobre o valor da condenação, do proveito econômico obtido ou, não sendo possível mensurá-lo, sobre o valor atualizado da causa, atendidos:
>
> I - o grau de zelo do profissional;
>
> II - o lugar de prestação do serviço;
>
> III - a natureza e a importância da causa;
>
> IV - o trabalho realizado pelo advogado e o tempo exigido para o seu serviço.

Não obstante, existem situações nas quais, por circunstâncias fáticas não é possível chegar a um valor (*quantum*) de honorários. Para situações como essas o CPC determina no parágrafo oitavo a utilização da equidade.

> Art. 85 (...) § 8° Nas causas em que for inestimável ou irrisório o proveito econômico ou, ainda, quando o valor da

> causa for muito baixo, o juiz fixará o valor dos honorários por apreciação equitativa, observando o disposto nos incisos do § 2º.

De forma clara, verifica-se que a utilização da equidade ocorre de forma excepcional somente, segundo o CPC, ser usada nas hipóteses de i) se o proveito econômico for inestimável; ii) se o proveito econômico for irrisório; ou iii) se o valor da causa for muito baixo.

No mesmo sentido, o Enunciado nº 6 da I Jornada de Direito Processual Civil do Conselho da Justiça Federal - CJF é nesse sentido: "A fixação dos honorários de sucumbência por apreciação equitativa só é cabível nas hipóteses previstas no § 8º, do art. 85 do CPC".

Em análise dos requisitos para aplicação da equidade questionou-se qual a abrangência da expressão proveito econômico "inestimável". Seria possível entender como proveito econômico muito elevado?

A aplicação da equidade para equacionar valores de honorários muito elevados encontrava respaldo, segundo alguns doutrinadores, na previsão do artigo 8º do CPC que assim determina:

> Art. 8º Ao aplicar o ordenamento jurídico, o juiz atenderá aos fins sociais e às exigências do bem comum, resguardando e promovendo a dignidade da pessoa humana e observando a proporcionalidade, a razoabilidade, a legalidade, a publicidade e a eficiência.

Não obstante os argumentos, o STJ não acolheu a referida hipótese de utilização da equidade. Se gundo o a Corte de Justiça, não se pode usar o artigo 8º sob o pretexto de razoabilidade e proporcionalidade, a fim de reduzir honorários quando estes forem elevados.

Percebe-se, portanto, que quando o § 8º do art. 85 faz menção à "proveito econômico inestimável", a ideia do legislador é tratar daquelas causas que não se pode atribuir um valor patrimonial à demanda, por exemplo, em ações de família ou que digam respeito a interesses difusos como os ambientais.

Assim, o STJ destacou que:

> Cabe aos tribunais interpretar e observar a lei, não podendo, entretanto, descartar o texto legal por preferir a redação dos dispositivos decaídos. A atuação do legislador que acarreta a alteração de entendimento firmado na jurisprudência não é fenômeno característico do Brasil,

sendo conhecido nos sistemas de common law como overriding.

Outro questionamento importante de ser observado diz respeito a causas que possui certa "simplicidade" demandando pouco trabalho do advogado. Tal situação levaria ao enriquecimento sem causa do patrono autorizando o uso da equidade para equalizar os percentuais de fixação dos honorários inclusive justificando o dever de aplicação do percentual mínimo?

No cenário apresentado, cabe ponderar que o § 2 do CPC já fixa como ponto a ser considerado pelo juiz o "trabalho realizado pelo advogado", não obstante, a apreciação do percentual a ser fixado não circunda apenas neste requisito, mas sim em um conjunto que de forma complementar devem ser apreciados.

Ademais, uma vez já analisado o trabalho realizado pelo advogado como um critério legal para fixar o percentual de honorários, não é possível que posteriormente seja a plicado a equidade para reduzir o valor caso este seja elevado em virtude do alto valor da base de cálculo, a exemplo do próprio valor da causa inexistindo, portanto, qualquer enriquecimento ilícito.

Destarte, o STJ fixou o seguinte entendimento:

> I) A fixação dos honorários por apreciação equitativa não é permitida quando os valores da condenação, da causa ou o proveito econômico da demanda forem elevados. É obrigatória nesses casos a observância dos percentuais previstos nos §§ 2º ou 3º do art. 85 do CPC - a depender da presença da Fazenda Pública na lide -, os quais serão subsequentemente calculados sobre o valor:
>
> a) da condenação; ou
>
> b) do proveito econômico obtido; ou
>
> c) do valor atualizado da causa.
>
> II) Apenas se admite arbitramento de honorários por equidade quando, havendo ou não condenação: a) o proveito econômico obtido pelo vencedor for inestimável ou irrisório; ou
>
> b) o valor da causa for muito baixo.
>
> STJ. Corte Especial.REsp 1.850.512-SP, Rel. Min. Og Fernandes, julgado em 16/03/2022 (Recurso Repetitivo – Tema 1076) (Info 730).

Por fim, diante da importante reflexão feita pelo professor Márcio Cavalcante cabe reproduzir um trecho

> É muito comum ver no STJ a alegação de honorários excessivos em execuções fiscais de altíssimo valor posteriormente extintas. Ocorre que tais execuções muitas vezes são propostas sem maior escrutínio, dando-se a extinção por

> motivos previsíveis, como a flagrante ilegitimidade passiva, o cancelamento da certidão de dívida ativa, ou por estar o crédito prescrito. Ou seja, o ente público aduz em seu favor a simplicidade da causa e a pouca atuação do causídico da parte contrária, mas olvida o fato de que foi a sua falta de diligência no momento do ajuizamento de um processo natimorto que gerou a condenação em honorários. O Poder Judiciário não pode premiar tal postura.

Verifica-se ainda como um forte argumento para impossibilitar o uso da equidade para reduzir os valores dos honorários perante ações com valores irrisórios o fato de acabar estimulando demandas sem qualquer fundamento, diante do pouco efeito nos casos de derrota.

Desse modo, verifica-se que o uso da equidade é excepcional não cabendo ainda sua utilização diante de ações com elevado valor, tão pouco naquelas que exigem pouco trabalho do advogado a pretexto de se aplicar a proporcionalidade e a razoabilidade, pois o texto legal, bem como o STJ já consolidaram as causas de utilização da equidade, limitadas às hipóteses previstas no parágrafo 8° do art. 85 do CPC.

No âmbito do Supremo Tribunal Federal, o tema encontra-se atualmente em discussão. A decisão do STJ (tema 1.076), acima mencionada, ocorreu em apertado julgamento fixando-se o entendimento por maioria de (7x5).

Da referida decisão houve Recurso Extraordinário da União ao STF, o qual entendeu pela existência de questão constitucional e Repercussão Geral com o voto do Ministro recém empossado Cristiano Zanin.

Portanto, a questão será definitivamente decidida no tema 1.255[3] pelo STF que poderá manter o entendimento do STJ ou alterá-lo.

---

[3]https://portal.stf.jus.br/jurisprudenciaRepercussao/verAndamentoPr ocesso.asp?incidente=6521918&numeroProcesso=1412069&classeP rocesso=RE&numeroTema=1255

3 Despesas do processo e a fazenda pública

Despesa constitui um gênero possuindo três espécies, quais sejam: i) custas; ii) emolumentos e, por fim, iii) despesa em sentido estrito[4].

As custas são os valores que se destinam a remunerar a prestação da própria atividade do Poder Judiciário. Nesse sentido é o teor dos artigos 82 e 84 do CPC:

> Art. 82. Salvo as disposições concernentes à gratuidade da justiça, incumbe às partes **prover as** despesas dos atos que realizarem ou requererem no processo, antecipando-lhes o pagamento, desde o início até a sentença final ou, na execução, até a plena satisfação do direito reconhecido no título.
> Art. 84. **As despesas abrangem as custas dos atos do processo**, a indenização de viagem, a remuneração do assistente técnico e a diária de testemunha.

Já os emolumentos são conceituados como a remuneração paga pelos serviços prestados pelas serventias não oficializados e cartórios; e por fim, as

---

[4] Cunha, Leonardo Carneiro da. Op.cit., 2017. p. 107.

despesas em sentido estrito são as remunerações de terceiros convocados pelo Poder Judiciário para auxiliar no desenvolvimento do processo.

Quanto a natureza jurídica das custas e emolumentos nos termos da pacífica jurisprudência do STF trata-se de tributo da espécie taxa e por esse motivo seguem todos os regramentos legais e jurisprudenciais aplicáveis as demais espécies tributárias.

Nos termos do artigo 145, II da CF/88 a base de cálculo das taxas deve cumprir quatro requisitos, quais sejam, guardar uma correlação com os gastos decorrentes da atividade estatal, mostrar-se razoável e proporcional, não impedir o acesso ao Judiciário e não possuir caráter confiscatório, visto que a taxa é tributo que incide sobre a prestação de serviço público específico e divisível.

> Art. 145. A União, os Estados o Distrito Federal e os Municípios poderão instituir os seguintes tributos:
> II - taxas, em razão do exercício do poder de polícia ou pela utilização, efetiva ou potencial de serviços públicos específicos e divisíveis, prestados ao contribuinte ou postos a sua disposição;

Não obstante as balizas acima expostas, no caso específico das custas judiciárias existe uma grande dificuldade em se fixar valores definidos para a prestação da atividade jurisdicional, quer seja pela demora de conclusão dos processos, quer seja pela complexidade das causas que podem variar sobremaneira entre os diversos tipos de ações bem como no próprio curso da ação.

> **É legítima a cobrança das custas judiciais e das taxas judiciárias tendo por parâmetro o valor da causa, desde que fixados valores mínimos e máximos.** STF. Plenário. ADI 5688/PB, Rel. Min. Edson Fachin, redator do acórdão Min. Dias Toffoli, julgado em 22/10/2021 (Info 1035).

> (...) 3. Tanto quanto possível o valor cobrado a título de taxa deve equivaler ao custo do serviço prestado. Porém, há situações em que, por excessiva dificuldade de mensuração do fato gerador o estabelecimento exato do quantum debeatur fica prejudicado. É o caso das custas judiciais, em virtude da diversidade de fatores que poderiam influir no cálculo da prestação do serviço jurisdicional, tais como o tempo e a complexidade do processo, bem assim o tipo de atos nele praticados.

> 4. A esse respeito, a jurisprudência da Corte firmou-se no sentido da legitimidade da cobrança das custas com

parâmetro no valor da causa ou dos bens postos em litígio, desde que fixadas alíquotas mínimas e máximas para elas. Precedentes: ADI nº 3.826/GO, Tribunal Pleno, Relator o Ministro Eros Grau, DJe de 20/08/10; ADI nº 2.655/MT, Tribunal Pleno, Relatora a Ministra Ellen Gracie, DJ de 26/03/04. (...) (ADI 2696, Relator(a): DIAS TOFFOLI, Tribunal Pleno, julgado em 15/12/2016, ACÓRDÃO ELETRÔNICO DJe-048 DIVULG 13-03-2017 PUBLIC 14-03-2017)

Dessa forma, o STF permitiu que as cobranças das custas e taxas judiciárias fossem calculadas usando como parâmetro o próprio valor da causa, mas desde que sejam fixados de antemão valores mínimos e máximos de aplicação.

Súmula 667-STF: Viola a garantia constitucional de acesso à jurisdição a taxa judiciária calculada sem limite sobre o valor da causa.

Seguindo essa previsão, a Corte declarou inconstitucional normas estaduais que dispuseram de valores de custas sem estabelecer limites de incidência, veja-se:

É válida a cobrança das custas judiciais e emolumentos tendo por parâmetro o valor da causa ou do bem ou negócio objeto dos atos judiciais e

> extrajudiciais, desde que definidos limites mínimo e máximo e mantida uma razoável e proporcional correlação com o custo da atividade. STF. Plenário. ADI 2846/TO, Rel. Min. Ricardo Lewandowski, julgado em 13/9/2022 (Info 1067).

Quanto as despesas em sentido estrito a previsão legal repousa nos parágrafos do artigo 91 do CPC.

> Art. 91. As despesas dos atos processuais praticados a requerimento da Fazenda Pública, do Ministério Público ou da Defensoria Pública serão pagas ao final pelo vencido.
>
> § 1º As perícias requeridas pela Fazenda Pública, pelo Ministério Público ou pela Defensoria Pública poderão ser realizadas por entidade pública ou, havendo previsão orçamentária, ter os valores adiantados por aquele que requerer a prova. (grifado)
>
> § 2º Não havendo previsão orçamentária no exercício financeiro para adiantamento dos honorários periciais, eles serão pagos no exercício seguinte ou ao final, pelo vencido, caso o processo se encerre antes do adiantamento a ser feito pelo ente público. (grifado)

Da leitura do artigo verifica-se que, referente ao Poder Público, MP ou Defensoria Pública, as despesas em sentido estrito devem ser realizadas preferencialmente por entidades públicas sem necessidade de custas. Subsidiariamente, caso não seja possível tal realização e havendo previsão orçamentária os valores devem ser pagos adiantadamente por aquele que requereu a prova. Por fim, inexistindo previsão orçamentária os valores frutos das pericias serão pagos no exercício seguinte, ou pelo vencido se processo finalizar antes[5].

Em síntese, o *caput* do artigo 91 apresenta a expressão "despesa", o que englobaria as três espécies, contudo, a doutrina[6] destaca tratar-se apenas da espécie "despesa em sentido estrito" devendo, portanto, serem pagos os valores pela Fazenda pública, MP ou Defensoria que requererem o ato processual.

O adiantamento mencionado, quanto as despesas em sentido estrito, encontra amparo jurisprudencial nos termos da súmula 190 do STJ[7].

> Súmula 190- Na execução fiscal, processada perante a justiça estadual,

---

[5] Barros, Guilherme Freire de Melo. op. cit., 2019, p. 68
[6] Cunha, Leonardo Carneiro da. Op.cit., 2017. p. 108.
[7]
https://www.buscadordizerodireito.com.br/jurisprudencia/detalhes/f0 76073b2082f8741a9cd07b789c77a0

cumpre a fazenda publica antecipar o numerário destinado ao custeio das despesas com o transporte dos oficiais de justiça.

Comentando a referida súmula o professor Marcio André[8] assim dispõe:

> Vale ressaltar, no entanto, que a isenção do pagamento de custas e emolumentos e a postergação do custeio das despesas processuais (art. 39, da Lei n° 6.830/80 e art. 91, do CPC), privilégios de que goza a Fazenda Pública, não dispensam o pagamento antecipado das despesas com o transporte dos oficiais de justiça ou peritos judiciais, ainda que para cumprimento de diligências em execução fiscal ajuizada perante a Justiça Federal. Isso porque não é razoável que o oficial de justiça ou o perito judicial arquem, em favor do Erário, com as despesas necessárias para o cumprimento dos atos judiciais.
>
> A ausência de depósito prévio do valor relativo às despesas com o transporte necessário ao cumprimento do ato judicial significa onerar o oficial de justiça, terceiro estranho à relação

---

[8] CAVALCANTE, Márcio André Lopes. **Súmula 190-STJ**. Buscador Dizer o Direito, Manaus.

> jurídica processual instaurada entre a Fazenda Pública e o devedor.
>
> As despesas com transporte dos oficiais de justiça, necessárias para a prática de atos fora do cartório, não se qualificam como custas ou emolumentos, estando a Fazenda Pública obrigada a antecipar o dinheiro destinado ao custeio dessas despesas.

Por fim, diferentemente do que ocorre com as despesas em sentido estrito, as custas e emolumentos conferem uma isenção à fazenda não sendo exigido pagamento de tais valores ou ainda sua postergação para o final do processo. Nesse sentido é o teor do artigo 39 da Lei 3830/80 (Lei Execução Fiscal).

> Art. 39. A Fazenda Pública não está sujeita ao pagamento de custas e emolumentos. A prática dos atos judiciais de seu interesse independerá de preparo ou de prévio depósito.
> Parágrafo único. Se vencida, a Fazenda Pública ressarcirá o valor das despesas feitas pela parte contrária.

O raciocínio por trás da isenção de custas e emolumentos diz respeito ao fato de que os valores devidos e arrecadados a título de custas e emolumentos, quando a Fazenda Pública se encontra em juízo, serão destinados ao próprio judiciário, logo existe no caso uma verdadeira confusão entre o credor e o devedor. Nesse sentido Guilherme Freire assim expõe:

> A rigor, ao praticar atos processuais (propositura de ação, interposição de recurso), o Estado não paga custas processuais por haver confusão entre o credor e o devedor. Afinal, é ele próprio quem custeia a atividade jurisdicional. Se o Estado membro propõe uma demanda perante sua Justiça Estadual, não há que se falar em pagamento de custas. (BARROS, FREITE, 2019. p. 69.)

Portanto, se, por exemplo, um ente estadual litigar na Justiça estadual não será devido pagamento de custas judiciais, taxas judiciais ou emolumentos.

O raciocínio é diferente se o ente estatal estiver litigando perante a Justiça Federal, pois nesse caso o pagamento será devido. O fundamento dessa diferenciação diz respeito ao fato de a imunidade recíproca entre os entes não se estender as taxas, mas tão somente à impostos.

> Art. 150. Sem prejuízo de outras garantias asseguradas ao contribuinte, é vedado à União, aos Estados, ao Distrito Federal e aos Municípios:
> VI - Instituir **impostos** sobre:
> a) patrimônio, renda ou serviços, uns dos outros;

Cabe destacar que nos termos da Lei 9.289 de 1996 a União instituiu uma isenção de seu tributo federal (taxa) para os demais entes não havendo qualquer inconstitucionalidade, contudo o STJ afastou tal isenção aos conselhos profissionais[9], veja-se:

> Art. 4° São isentos de pagamento de custas:
> I - a União, os Estados, os Municípios, os Territórios Federais, o Distrito Federal e as respectivas autarquias e fundações;

No mesmo sentido ainda a doutrina reforça a interpretação restritiva que deve ser dada na parte final do art. 24-A da Lei 9.028/95 que trata de disposições sobre as atribuições da Advocacia -Geral da União, veja-se:

> Art. 24-A. A União, suas autarquias e fundações, são isentas de custas e emolumentos e demais taxas judiciárias, bem como de depósito prévio e multa em ação rescisória, **em quaisquer foros e instâncias.** (grifado)

---

[9] STJ, 1° Seção, Resp 1.338.247/RS, Re. Min. Herman Benjamim, j. 10.10.2012, Dje 19.12.2012.

Desse modo a isenção tratada na lei acima não abrange a Justiça Estadual, uma vez que caracterizaria uma hipótese de isenção heterônoma vedada pela constituição[10].

> Art. 151. É vedado à União:
> III - instituir isenções de tributos da competência dos Estados, do Distrito Federal ou dos Municípios.

No mesmo sentido é a súmula 178 do STJ que dispõe:

> **Súmula 178** - O INSS não goza de isenção do pagamento de custas e emolumentos, nas ações acidentarias e de benefícios, propostas na justiça estadual.

Complementando o entendimento da súmula 178 a súmula 483 prevê que o, não obstante o INSS tenha que recolher custas e emolumentos, por gozar das prerrogativas típicas da fazenda pública, somente efetuará o recolhimento dos valores ao final do processo, caso vencido[11].

> **Súmula 483** - O INSS não está obrigado a efetuar depósito prévio do preparo por

---

[10] No mesmo sentido é o entendimento de: Barros, Guilherme Freire de Melo. op. cit., 2019, p. 69.

[11] No mesmo sentido é o entendimento de: Neves, Daniel Amorim Assumpção. Op. cit., 2016, p. 222.

gozar das prerrogativas e privilégios da Fazenda Pública.

Cabe destacar ainda que no âmbito da justiça estadual o pagamento das custas e emolumento será regido pela legislação estadual, quando em exercício da jurisdição Federal. Nesse sentido o artigo 1º, §1º, da Lei 9.289/96 que dispõe sobre as custas devidas à União, na Justiça Federal de primeiro e segundo graus encontra amparo constitucional, principalmente na ideia de capacidade tributária dos entes[12]:

> Art. 1º As custas devidas à União, na Justiça Federal de primeiro e segundo graus, são cobradas de acordo com as normas estabelecidas nesta Lei. § 1º Rege-se pela **legislação estadual** respectiva a cobrança de custas nas causas ajuizadas perante a Justiça Estadual, no exercício da jurisdição federal.

Cabe destacar, por fim, que nada impede que a Fazenda Federal estabeleça convênios com os Estados, a fim de gerar um afastamento do dever de pagar custas e emolumentos.

---

[12] No mesmo sentido é o entendimento de: Cunha, Leonardo Carneiro da. Op.cit., 2017. p. 111.

4 Honorários periciais nas perícias requeridas pelo Ministério Público em ACP; impossibilidade de atribuir o ônus à Fazenda Pública que não seja parte ou interessada na ação

A lei da ação civil pública prevê em seu artigo 18 que não haverá adiantamento de despesas no âmbito das ações civis públicas.

> Art. 18. Nas ações de que trata esta lei, não haverá adiantamento de custas, emolumentos, honorários periciais e quaisquer outras despesas, nem condenação da associação autora, salvo comprovada má-fé, em honorários de advogado, custas e despesas processuais. (grifado)

Desse modo, interpretando literalmente o artigo mencionado chegar-se-ia a uma interpretação que subverteria a própria lógica do ordenamento jurídico, qual seja evitar o enriquecimento ilícito, na medida que o perito que prestasse o serviço ficaria sem o recebimento de seus honorários.

O STJ no julgamento do Recurso Especial nº 1.253.844-SC, submetido ao procedimento dos recursos repetitivos, aplicou de forma análoga seu entendimento sumulado no verbete de nº 232, veja-se:

> Súmula 232 do STJ: "A Fazenda Pública, **quando parte no processo**, fica sujeita à exigência do depósito prévio dos honorários do perito". (grifado)

Cabe colacionar o trecho do voto condutor do acórdão do citado precedente com a finalidade de compreender-se o raciocínio jurídico então firmado:

> Tal dispositivo, ao contrário do que afirma o art. 19 do CPC, explica que na ação civil pública não haverá qualquer adiantamento de despesas, tratando como regra geral o que o CPC cuida como exceção. Constitui regramento próprio, que impede que o autor da ação civil pública arque com os ônus periciais e sucumbenciais, ficando afastada, portanto, as regras específicas do Código de Processo Civil. Assim, conclui-se, pela leitura do art. 18 da Lei n. 7.347/85, que não é possível se exigir do Ministério Público o adiantamento de honorários periciais em ações civis públicas. O Ministério Público Federal, quando ajuíza uma Ação Civil Pública e solicita a realização de perícia, age em nome de interesses relevantes ao Estado de Direito e da Sociedade, não podendo arcar com o pagamento dos honorários periciais. Ocorre que a referida isenção conferida ao Ministério Público em relação ao adiantamento dos honorários periciais não pode obrigar que o perito exerça seu ofício gratuitamente, tampouco transferir ao réu o encargo de financiar ações contra ele movidas. Dessa forma, considera-se

aplicável, por analogia, a Súmula n. 232 desta Corte Superior ("A Fazenda Pública, quando parte no processo, fica sujeita à exigência do depósito prévio dos honorários do perito"), a determinar que a Fazenda Pública ao qual se acha vinculado o Parquet arque com tais despesas.

No mesmo sentido são as seguintes decisões da Corte:

AGRAVO INTERNO NO RECURSO ORDINÁRIO EM MANDADO DE SEGURANÇA. AÇÃO CIVIL PÚBLICA. HONORÁRIOS PERICIAIS. ADIANTAMENTO. ÔNUS ATRIBUÍDO À FAZENDA PÚBLICA À QUAL SE ACHAR VINCULADO O PARQUET. ART. 91 DO CPC/2015. NÃO APLICABILIDADE. PREVALÊNCIA DA REGRA ESPECIAL DO ART. 18 DA LEI N. 7.347/85. 1. A jurisprudência desta Corte é firme no sentido de que **não é possível exigir do Ministério Público o adiantamento de honorários periciais em ações civis públicas**, devendo ser aplicada a Súmula 232/STJ, segundo a qual a Fazenda Pública à qual o Parquet se achar vinculado deve arcar com referida despesa. 2. O Superior Tribunal de Justiça já se manifestou sobre a prevalência da regra especial prevista no art. 18 da Lei n. 7.347/85 em detrimento da regra geral do art. 91 do CPC/2015. Precedentes. 3. Agravo interno a que se nega provimento. (AgInt no RMS 59.738/SP, Rel. Ministro SÉRGIO

KUKINA, PRIMEIRA TURMA, DJe 06/06/2019)
PROCESSUAL CIVIL. AGRAVO INTERNO NO RECURSO EM MANDADO DE SEGURANÇA. AÇÃO CIVIL PÚBLICA. ADIANTAMENTO DE HONORÁRIOS PERICIAIS. ENCARGO TRANSFERIDO À FAZENDA PÚBLICA. APLICAÇÃO ANALÓGICA DA SÚMULA 232/STJ. ART. 91, § 1º, DO CPC/2015. NÃO APLICAÇÃO. MANUTENÇÃO DO ENTENDIMENTO DIANTE DA ESPECIALIDADE DA NORMA QUE O LASTREOU. 1. A Primeira Seção do STJ, no julgamento do REsp 1.253.844/SC, submetido ao rito do art. 543-C do CPC/73 (art. 1.036 do CPC/2015), firmou entendimento no sentido de que, em sede de ação civil pública, promovida pelo Ministério Público, o adiantamento dos honorários periciais ficará a cargo da Fazenda Pública a que está vinculado o Parquet, pois não é razoável obrigar o perito a exercer seu ofício gratuitamente, tampouco transferir ao réu o encargo de financiar ações contra ele movidas, aplicando-se, por analogia, a orientação da Súmula 232/STJ, in verbis: "A Fazenda Pública, quando parte no processo, fica sujeita à exigência do depósito prévio dos honorários do perito". 2. Do mesmo modo, esta Corte firmou o entendimento de que a razão de decidir do acórdão prolatado pela 1ª Seção desta Corte tem fundamento na aplicação do art. 18 da Lei n. 7.347/1985 ao Ministério Público, quando requer a

produção de prova pericial em sede de Ação Civil Pública. Por se tratar de ação civil pública, não se aplica a disposição do art. 91 do Código de Processo Civil de 2015, norma geral, diante do critério da especialidade. Precedentes: AgInt no RMS 59106/SP, Rel. Min. Regina Helena Costa, Primeira Turma, Dje 21/3/2019; AgInt no RMS 56454/SP, Rel. Min. Mauro Campbell Marques, Segunda Turma, Dje 20/6/2018. 3. Agravo interno não provido. (AgInt no RMS 59.300/SP, Rel. Ministro BENEDITO GONÇALVES, PRIMEIRA TURMA, DJe 04/06/2019)

Cabe aqui colacionar o entendimento do STF sobre o tema proferido no julgamento da Ação Direta de Inconstitucionalidade n. 3.394, Relator o Ministro Eros Grau, DJe 15.8.2008:

AÇÃO DIRETA DE INCONSTITUCIONALIDADE.
ARTIGOS 1º, 2º E 3º DA LEI N. 50, DE 25 DE MAIO DE 2004, DO ESTADO DO AMAZONAS. TESTE DE MATERNIDADE E PATERNIDADE. REALIZAÇÃO GRATUITA. EFETIVAÇÃO DO DIREITO À ASSISTÊNCIA JUDICIÁRIA. LEI DE INICIATIVA PARLAMENTAR QUE CRIA DESPESA PARA O ESTADO MEMBRO. ALEGAÇÃO DE INCONSTITUCIONALIDADE
FORMAL NÃO ACOLHIDA. CONCESSÃO DEFINITIVA DO BENEFÍCIO DA ASSISTÊNCIA

JUDICIÁRIA GRATUITA. QUESTÃO DE ÍNDOLE PROCESSUAL. INCONSTITUCIONALIDADE DO INCISO I DO ARTIGO 2º. SUCUMBÊNCIA NA AÇÃO INVESTIGATÓRIA. PERDA DO BENEFÍCIO DA ASSISTÊNCIA JUDICIÁRIA GRATUITA. INCONSTITUCIONALIDADE DO INCISO III DO ARTIGO 2º. FIXAÇÃO DE PRAZO PARA CUMPRIMENTO DA DECISÃO JUDICIAL QUE DETERMINAR O RESSARCIMENTO DAS DESPESAS REALIZADAS PELO ESTADO-MEMBRO. INCONSTITUCIONALIDADE DO INCISO IV DO ARTIGO 2º. AFRONTA AO DISPOSTO NO ARTIGO 61, § 1º, INCISO II, ALÍNEA 'E', E NO ARTIGO 5º, INCISO LXXIV, DA CONSTITUIÇÃO DO BRASIL. (...) 2. Reconhecimento, pelas Turmas desta Corte, da obrigatoriedade do custeio do exame de DNA pelo Estado-membro, em favor de hipossuficientes. 3. O custeio do exame pericial da justiça gratuita viabiliza o efetivo exercício do direito à assistência judiciária, consagrado no artigo 5º, inciso LXXIV, da CB/88." [...] 8. No caso, não se trata de beneficiário da justiça gratuita, mas de instituição estatal que, autora de ação civil pública, é beneficiada pela isenção legal de custas de qualquer natureza de modo a viabilizar o livre exercício do controle social sobre a Administração e, principalmente, as autoridades públicas, devendo, portanto, ser aplicado ao caso o mesmo raciocínio desenvolvido por este Supremo Tribunal

> nos precedentes citados. **Desse modo, o Estado deverá arcar com o pagamento dos honorários periciais para viabilizar a produção da prova necessária para a solução da lide, conciliando assim o inc. XIII do art. 5º com o art. 129, inc. III, da Constituição da República, que atribui ao Ministério Público a função institucional de "promover (...) a ação civil pública para a proteção do patrimônio público e social, do meio ambiente e de outros interesses difusos e coletivos.** (grifos nossos)

Não obstante a aparente pacificação do tema, cabe aqui a ponderação sobre alguns pontos importantes a fim de contribuir para uma futura mudança de entendimento junto as Cortes superiores.

A provocação que merece uma análise diz respeito se a Fazenda pública deverá pagar os honorários de perícias requeridas pelo Ministério público em ACP, mesmo nas ações que não seja parte?

O questionamento é de grande importância, pois, nos termos do art. 91, § 1º do CPC, o MP, poderá ter o dever de adiantar os valores das perícias quando tiver requerido a sua realização, nesse sentido:

> Art. 91. As despesas dos atos processuais praticados a requerimento da Fazenda

> Pública, do Ministério Público ou da Defensoria Pública serão pagas ao final pelo vencido.
> § 1º As perícias requeridas pela Fazenda Pública, **pelo Ministério Público** ou pela Defensoria Pública poderão ser realizadas por entidade pública ou, havendo previsão orçamentária, **ter os valores adiantados por aquele que requerer a prova**.

Nessa toada, a decisão do STJ generaliza o dever de a Fazenda Pública ser responsável por toda e qualquer perícia requerida pelo Ministério Público em ACP, mesmo naquelas demandas nas quais figure como parte ou como terceira interessada nos autos da Ação Civil Pública ferindo, portanto, a própria lógica processual, bem como a literal previsão legal.

O raciocínio aplicado pelo STJ foi no sentido de prestigiar o critério da especialidade da Lei da Ação Civil Pública em detrimento das disposições gerais do Código de Processo civil, bem como aplicando a Súmula 232 gerando o dever de antecipação de honorários por parte da fazenda.

Não obstante a solução dada pelo STJ, defende-se aqui que a aplicação da Lei da ACP no presente caso é inviável, bem como o critério adotado é contrário ao próprio sentido da norma, agindo o STJ como verdadeiro legislador positivo.

O raciocino defendido parte da verificação de que na Lei 7.347/85 não existe qualquer indicação de quem efetivamente deve ser responsável pelo pagamento dos honorários periciais requeridos pelo MP. Desse modo, diante da ausência de imputação legal expressa verifica-se uma lacuna normativa a ser solucionada com a aplicação subsidiária do CPC, nos termos do art. 19 da mesma Lei, veja-se:

> Art. 19. **Aplica-se à ação civil pública, prevista nesta Lei, o Código de Processo Civil**, aprovado pela Lei nº 5.869, de 11 de janeiro de 1973, **naquilo em que não contrarie suas disposições. (grifado)**

Desse modo, deveria ser aplicado o teor do, já citado, artigo 91, § 1º do CPC afastando-se a tese a aplicação da tese do STJ, na qual o ônus recairia sobre à Fazenda Pública cujo MP esteja vinculada.

Outro ponto que merece ser observado é o fato de que o MP possui autonomia administrativa, orçamentária e funcional nos termos do art. 127, §§ 1º a 3º, da CF/88.

> Art. 127. O Ministério Público é instituição permanente, essencial à função jurisdicional do Estado, incumbindo-lhe a defesa da ordem jurídica, do regime democrático e dos interesses sociais e individuais indisponíveis.
>
> § 1º - São princípios institucionais do Ministério Público a unidade, a indivisibilidade e a independência funcional.
>
> § 2º Ao Ministério Público é **assegurada autonomia funcional e administrativa**, podendo, observado o disposto no art. 169, propor ao Poder Legislativo a criação e extinção de seus cargos e serviços auxiliares, provendo-os por concurso público de provas ou de provas e títulos, a política remuneratória e os planos de carreira; a lei disporá sobre sua organização e funcionamento.
>
> § 3º O Ministério Público **elaborará sua proposta orçamentária dentro dos limites estabelecidos na lei de diretrizes orçamentárias**.

A decisão do STJ desconsiderou a autonomia constitucionalmente prevista ao Ministério Público, criando uma incongruência, qual seja, o requerente da perícia acabará sem qualquer ônus, mesmo sem haver qualquer previsão legal autorizativa para tanto, ao contrário indo de encontro ao texto expresso do CPC.

Destaca-se ainda que a aplicação da Súmula 232 de forma análoga pelo STJ, desvirtuou o próprio sentido do enunciado, visto que o este prevê a antecipação das despesas pela Fazenda apenas e tão somente quanto for parte no processo. Atribuir o ônus da perícia à Fazenda quando está não é parte na ACP é justamente exigir a antecipação por parte da Fazenda, o que, como dito, é em regra vedado.

Por todo o exposto, não obstante o entendimento, principalmente do STJ, verifica-se que houve uma aplicação equivocada do artigo 18 da Lei da ACP, bem como a aplicação indevida da Súmula 232 frente a previsão expressa do artigo 91, § 1° trazida pelo CPC. Como demonstrado a leitura até então feita pelo STJ gera grave ônus para as Fazendas Públicas afastando a responsabilidade do MP gerando um dever de indevida antecipação de despesas por parte da Fazenda.

5 Análise final sobre o tema

Diante de todo o exposto neste breve escrito, é possível verificar que o tema, referente aos honorários advocatícios sucumbenciais, ainda demandam grandes debates. É certo que o Código de Processo Civil apresentou uma nova roupagem ao tema e com isso dirimiu diversas discussões, contudo alguns pontos ainda exigem dos doutrinadores e juristas a fixação de entendimentos, a fim de afastar as dúvidas e insegurança jurídica que os temas veem gerando.

No caso, quanto ao ponto referente a imputação à Fazenda, a qual o MP encontra-se vinculado, do dever de pagar os honorários periciais, apresentamos alguns pontos de vista que colocam em xeque o entendimento até então fixado pelo STJ, o qual, claramente não encontra amparo na legislação, ofendendo o próprio sentido da lei.

Ademais, no que se refere ao tema dos honorários fixados por equidade principalmente nas demandas nas quais a Fazenda Pública litiga, tal assunto foi decidido pelo STJ, contudo através de Recurso Extraordinário da

União, atualmente encontra-se afetado para julgamento no STF (tema 1.255).

A fixação de tese em Repercussão Geral sobre essa questão é de suma importância para toda Fazenda pública por garantir balizas hábeis a conferir segurança jurídica no momento de fixar os honorários advocatícios sucumbenciais através da equidade.

Assim, este livro teceu algumas considerações sobre os temas acima expostos, sem o intuito de esgotar a discussão, mas apenas lançar luz às temáticas que se encontram em franco debate no presente momento nos tribunais superiores pátrios.

6 Referências

BRASIL. **Constituição da República Federativa do Brasil de 1988**. Disponível em: <http://www.planalto.gov.br/ccivil_03/constituicao/constituicaocompilado.htm>. Acesso em: 28 de Março de 2020.

______. Congresso Nacional. Código de Processo Civil. **Lei nº 13.105, de 16 de março de 2015**. Disponível em: <http://www.planalto.gov.br/ccivil_03/_ato2015-2018/2015/lei/l13105.htm>. Acesso em 25 de Março de 2020.

CAVALCANTE, Márcio André Lopes. **É admissível o cálculo das custas judiciais com base no valor da causa, considerando que se respeita a correlação com o custo da atividade prestada, e desde que haja a definição de valores mínimo e máximo**. Buscador Dizer o Direito, Manaus. Disponível em: <https://www.buscadordizerodireito.com.br/jurisprudencia/detalhes/db64f68dee27eb08d29117c7da678f81>. Acesso em: 08/07/2023

CAVALCANTE, Márcio André Lopes. **Lei estadual pode estipular a cobrança das custas judiciais e dos emolumentos com base no valor da causa, no valor do bem ou no valor do negócio objeto dos atos judiciais e extrajudiciais?**. Buscador Dizer o Direito, Manaus. Disponível em: <https://www.buscadordizerodireito.com.br/jurisprudencia/detalhes/f18288b44fa19637ee5476ac4cdc77d8>. Acesso em: 08/07/2023

CAVALCANTE, Márcio André Lopes. **Súmula 190-STJ**. Buscador Dizer o Direito, Manaus. Disponível em: <https://www.buscadordizerodireito.com.br/jurisprudencia/detalhes/f076073b2082f8741a9cd07b789c77a0>. Acesso em: 08/07/2023

CAVALCANTE, Márcio André Lopes. **Em caso de sucumbência recíproca, como devem ser distribuídos os honorários advocatícios e ônus sucumbenciais?**. Buscador Dizer o Direito, Manaus. Disponível em:

<https://www.buscadordizerodireito.com.br/jurisprudencia/detalhes/c7a9f13a6c0940277d46706c7ca32601>. Acesso em: 05/08/2023

CAVALCANTE, Márcio André Lopes. **Juiz determinou honorários divididos igualmente entre autor e ré porque houve sucumbência recíproca; somente o autor recorreu pedindo o aumento do percentual; se o Tribunal concordar com o aumento, essa majoração só beneficiará o recorrente**. Buscador Dizer o Direito, Manaus. Disponível em: <https://www.buscadordizerodireito.com.br/jurisprudencia/detalhes/7d787bb950167c81630d2f1256eec848>. Acesso em: 05/08/2023

______. **Lei nº 5.584, de 26 de junho de 1970**. Disponível em: <http://www.planalto.gov.br/ccivil_03/leis/L5584.htm>. Acesso em: 14 de Fevereiro de 2020.
______. **Decreto-Lei nº 5.452, de 1º de maio de 1943**. Aprova a Consolidação das Leis do Trabalho. Disponível em: <http://www.planalto.gov.br/ccivil_03/decreto-lei/Del5452.htm>. Acesso em 28 de Março de 2020.
______. Congresso Nacional. **Lei nº 8.429, de 22 de Junho de 1992**. Dispõe sobre as sanções aplicáveis aos agentes públicos nos casos de enriquecimento ilícito no exercício de mandato, cargo, emprego ou função na administração pública direta, indireta ou fundacional e dá outras providências. Disponível em: <http://www.planalto.gov.br/ccivil_03/leis/L8429.htm>. Acesso em :25 de Março de 2020.
______. Processo Judicial Eletrônico. Processo nº 0000499-76.2016.5.22.0004. Disponível em: <https://pje.trt22.jus.br/consultaprocessual/detalhe-processo/00004997620165220004>. Acesso em 29 de Março de 2020.
______. Congresso Nacional. **Lei nº 8.906, de 04 de Julho de 1994**. Dispõe sobre o Estatuto da Advocacia e a Ordem dos Advogados do Brasil (OAB). Disponível em: <http://www.planalto.gov.br/ccivil_03/leis/l8906.htm >. Acesso em 27 de Março de 2020.
NEVES, Daniel A. A. **Manual de direito processual civil** - volume único. 9. ed. – Salvador: Ed. Juspodivm, 2017.

CAIRO JR., José, **Curso de direito processual do trabalho**. 12. ed. rev., atual. E ampl. – Salvador: Juspodivm, 2018.

Princípio da causalidade e processo cooperativo. Disponível em: < https://www.conjur.com.br/2023-fev-22/maicon-volpi-principio-causalidade-processo-cooperativo> Acesso em: 28 de agosto de 2023.

Tema 1255 - Possibilidade da fixação dos honorários por apreciação equitativa (artigo 85, § 8º, do Código de Processo Civil) quando os valores da condenação, da causa ou o proveito econômico da demanda forem exorbitantes. Disponível em: < https://portal.stf.jus.br/jurisprudenciaRepercussao/verAndamentoProcesso.asp?incidente=6521918&numeroProcesso=1412069&classeProcesso=RE&numeroTema=1255 > Acesso em: 14 de agosto de 2023.

9 786526 605783